EM NOME DO POVO.
AMEM

PRÓS SEM CONTRA

EM NOME DO POVO. AMEM

PRÓS SEM CONTRA

Dionisío Sousa
Luiz Fagundes Duarte
Sidónio Bettencourt

©Dionísio Sousa, Setembro de 2015

ISBN – 978-1-326-25340-0

Processamento de texto, revisão e capa Doralice Sousa

EM NOME DO POVO.
AMEM

(antipoemas e outras palavras)

«um poema é a música do grito»

25 de ABRIL 5 anos depois

DANIEL DE SÁ

DEDICO

A uma mulher:

a minha

A uma Pátria:

a nossa

Ao Dionísio
Dispensas uma dedicatória formal,
não é? Pois, então, aqui tens isto, para
fazer dele o que quiser: até lê-lo, se te
apetecer

Um abraço,

Daniel

ÍNDICE

…E outras palavras

Apanho a "deixa" do Daniel no título do livro e aproveito para acrescentar…outras palavras.

Ao contrário do que se diz na célebre frase, este livro não começou só por não existir. Começou por não dever existir. Quando "engravidei" do propósito de dedicar um livro ao Daniel, era com o objetivo de ressaltar duas facetas dele menos celebradas. O deputado e o "Poeta" da antipoesia do "Em nome do Povo. Amem". Não quiseram que isto fosse possível. Mas estava sob a perentória injunção do Daniel, quando me fez a dedicatória do livro. "Para fazeres dele o que quiseres". E o que eu queria era exactamente aquilo que continuo a querer hoje. Que o livro não seja condenado, sem apelo nem agravo, às trevas exteriores da morte por eutanásia irreversível.

Felizmente, há mais do que uma maneira de salvar um livro desse tipo de condenação. A forma ideal, claro, é a sua ressurreição, republicando-o.

Mas há outras alternativas para restitui-lo à vida. É falar sobre ele. Abrir a discussão sobre os seus méritos ou deméritos. É essa discussão que se procura com este livro. Ele traduz uma posição unânime: Prós sem contra. Com nuances. E estas bastam. Cada qual poderá avaliar o peso delas. E com isso contribuir para a finalidade imediata do livro. Agitar as águas da indiferença e derrogar as condenações ao ostracismo.

Dionísio Sousa ,

Vila de S. Sebastião 29.4.2015 (14h.19)

DANIEL DE SÁ

À CONVERSA COM ONÉSIMO

Onésimo - Olá amigos, Boa noite! Eu devia ser mais formal e dizer telespectadores. E mais moderno, telespectadores e telespectadoras. Mas a ideia é fazer deste programa, desta série de programas, uma conversa à noite sentado ao sofá, apesar da formalidade de estar aqui com uma gravata nesta camisa de forças, e o meu convidado de hoje, o Daniel de Sá também está ali numa camisa de forças. A ideia é fazer uma conversa com personalidades açorianas e não açorianas para falar dos Açores. Será dentro destas balizas que manteremos esta série. Foi o desafio que a RTP fez.

Aceitei com imenso gosto, porque costumo dizer que é com imenso gosto que regresso aos Açores, mas depois corrijo. E digo. Não regresso, porque não se regressa a de onde nunca se partiu. E eu nunca parti daqui, da Ribeira Grande. Estamos no Teatro Ribeiragrandense. E o Daniel de Sá é da Maia, do mesmo Concelho. Parece que foi de propósito. Ele hoje não é Daniel de Sá, ele hoje é Daniel de cá. Somos ambos de cá.

Daniel - É verdade.

Onésimo - Fiz exame de 3ª e 4ª classe aqui na Ribeira Grande.

Também estive aqui com o orfeão do Seminário, ali à direita, na primeira voz. Demos umas fífias aqui.

O primeiro convidado é o Daniel de Sá. Não foi de propósito, foi por acaso.

Quem conhece o Daniel sabe que é muito difícil saber se ele se vai deslocar da Maia, porque o Daniel de Sá tem de dormir a sua sesta. Estamos a conversar em família e não sabíamos se o Daniel de Sá vinha. Mas se Maomé não vai a Meca, Meca vai a Maomé. Então, a RTP veio à Ribeira Grande para ter a certeza que Daniel de Sá vinha da Maia.

Daniel - Ficaram a meio caminho.

Onésimo - Encontrámo-nos há muitos anos, pela primeira vez, nas páginas do jornal Açores, numa conversa ingénua sobre evolucionismo.

Daniel - Exactamente.

Onésimo - Passados estes anos todos, voltamos aqui para falar, não da tua vida, Daniel de Sá. Pois o Daniel de Sá tem uma coisa curiosa: não tem biografia. A sua biografia é: O Daniel nasceu na Maia, vive na Maia e, se Nosso Senhor lhe der vida e saúde, quer morrer na Maia. A tua biografia é a tua obra.

Daniel - Exactamente.

Onésimo - A tua biografia é a tua obra. Hoje, temos uma coisa em comum, além do mais, eu venho de Boston, não dormi nada a noite passada, tu não dormiste a tua sesta. Se adormecermos aqui, façam o favor, apaguem as luzes, para a despesa não ser tão grande.

Como disse, Daniel, a tua biografia é a tua obra. Tu, na Maia, metido naquele canto, tens viajado imenso pelo universo de uma obra que hoje é notável.

Além de ser teu amigo, sou teu admirador. Mas, vou parar de falar, porque eu gostava é que tu começasses.

Fala-me disso. Recordo-me perfeitamente do teu livrinho Sobre a Verdade das Coisas, em que te revelaste um exímio contador de histórias. Queres falar dessa tua primeira experiência?

Daniel - Não é a primeira, é a segunda. A primeira foi a Génese.

Onésimo - Sim. Mas fala-nos então do contador de histórias.

Daniel - Foi talvez o livro mais fácil de escrever. Foi um livro contado pela avó de minha mulher, por amigos de mais idade, por gente que conheci, algumas histórias que eu vivi também. É um daqueles livros fáceis. E talvez, por isso mesmo, atraia o público leitor. Porque está ali toda a espontaneidade da realidade. Sem ficção praticamente nenhuma. Como disse na altura, foi a ficção ao serviço da realidade e a realidade ao serviço da ficção. Por acaso, agora acaba de sair a 2ª edição.

Onésimo - Dizes que a tua primeira edição era um livro humilde e está cheíssima de gralhas.

Daniel - Sim. Tinha mais de 300 gralhas.

Onésimo - Por detrás daquelas gralhas todas e humilde apresentação envergonhada estava de facto o contador de histórias.

Daniel - Com boa intenção, percebia-se talvez isso. Sim.

Onésimo - Aquilo não eram restos da tua modéstia que aprendeste na tua experiência? Quando assinavas Augusto de Vera Cruz. Que era o teu pseudónimo.

Daniel - Exactamente. Augusto de Vera Cruz.

Quando se fala de modéstia, não sei muito bem o que se quer de dizer com isto. Muito menos a falar de modéstia a meu respeito.

Onésimo - Reconheces que não és modesto; és orgulhoso?

Daniel – Sou. Acho que toda a gente tem de ser orgulhosa, senão não faz nada. A não ser que estejamos a falar de santos.

Gosto de ter eco. Gostei imenso de te ouvir chamar-me essa série de nomes. Apesar de seres um amigo. Mas sei que és um amigo sincero.

Onésimo - Posso estar a dizer umas mentiras...

Daniel - Posso é não me exibir, e realmente não sou exibicionista. Isso sei que não sou. Tenho aquele orgulho de gostar de ver uma coisa bem aceite. E bem lida e apreciada.

Onésimo - Não conheço ninguém que tenha escrito um livro e que diga: Eu escrevo um livro porque eu quero apanhar porrada.

Daniel - Com certeza. Estamos absolutamente de acordo

Que mais querias que eu dissesse?

Onésimo - Sobre a Verdade das Coisas é um mundo muito da tua Maia. Nós tínhamos tido a experiência do Cristóvão de Aguiar sobre o universo do Pico da Pedra. Aquelas pequeninas histórias, sem terem um nexo lógico, sem haver uma sequência. Pequenos retratos, de um mundo riquíssimo, interessantíssimo, mas com um olhar muito curioso, muito perspicaz, um olhar incisivo sobre aquele mundo.

Daniel - Sim. Reconheço que o olhar é de facto de quem conhece bem a realidade, de quem viveu na Maia muitos anos. Poucos anos vivi fora da Maia. Dez mais ou menos, no total.

Onésimo - Não sei como isso foi possível. Foi em Santa Maria?

Daniel - Sim. Mas muitas histórias que inventei, depois vim a conhecer histórias reais semelhantes às que tinha inventado. Isso nasce do grande conhecimento das pessoas. Histórias que, sem eu saber, tinham acontecido.

Onésimo - Há uma história do livro Sobre a Verdade das Coisas que eu já contei tanta vez!

Tanta vez! E digo sempre que é de um livrinho precioso do Daniel de Sá. Daniel conta essa história.

Daniel - É a do romeiro?

Onésimo - Sim, conta lá.

Daniel - É uma história rigorosamente autêntica. Era um rapaz amigo, um homem que ia sempre de romeiro. Tinha uma amizade nas Furnas. Uma amizade no feminino. O marido dessa amizade tomava conta de matas. Naquele tempo roubava-se muita lenha nas matas.

Ela foi buscá-lo para ir para casa dela. Ele disse: Ó mulher não, que estou de romeiro. Claro, o homem não resistiu, foi mesmo. Não resistiu a ir. Nem resistiu ao que se supõe.

No outro dia, foi-se confessar ao Padre Afonso Quental, o velho que conheceste, com certeza, tio do teu prefeito [no Seminário], Afonso de Quental, nosso comum amigo.

Onésimo - Espero que a história não tenha sido contada por ele.

Daniel - Não. Foi o próprio romeiro.

Foi-se confessar no outro dia para seguir bem a romaria. Quando disse ao senhor padre o que tinha acontecido, o Padre Afonso tentou dar-lhe uma descompostura:

— *Isso não se faz. Então, de romeiro!*

— Estava cá de romeiro, Senhor Padre! Pois eu até despi a roupa.

O Padre Afonso teve muita dificuldade em acabar de confessá-lo.

Onésimo - Dizias sempre que este livro era uma primeira experiência. O que é que te levou agora, de repente, a surpreender-nos com esta nova edição? Há alguma alteração? Além das gralhas.

Daniel - Há. Ponho aí mais três contos de animais.

Onésimo - O livro não custa três contos?

Daniel - Não. Talvez venha a custar metade. Para já, os direitos do autor e editor são a favor de Timor. Mas além das gralhas, mais do que um, me levou a reeditar este livro.

Onésimo - Quem?

Daniel - Tu foste um deles. Dizias de vez em quando: reedita aquilo, reedita aquilo.

Onésimo - E era verdade.

Daniel - Foste tu uma das pessoas que me levaram a reeditar o livro.

Onésimo - Bom! Ilha Grande Fechada… é esta?

Daniel - É esta?

Onésimo - É fechada?

A autonomia, o isolamento, a insularidade, etc.

Daniel - Mas isso é teu.

Onésimo - Aquilo?

Daniel - Parece que sim.

Onésimo - Insularidad, é espanhol.

Tu é que viveste em Espanha.

Daniel - A insularidade, isto não é espanhol.

Onésimo - Estás numa ilha da Maia.

Daniel - Desculpa lá! Esta coisa de ilha! Vocês, tu, o Vamberto, e outros, têm a mania de me dizer que estou isolado na Maia. Hoje em dia, já não há isolamento:

Onésimo - Em 50 anos, para o Daniel de Sá, foi a viagem mais longa que ele fez na vida. Vir da Maia até à Ribeira Grande.

Daniel - Para compensar a tua, que foi a mais curta que fizeste: da América até aqui.

Mas, em qualquer parte não se está isolado: Eu estou rigorosamente informado. Tu, na América, sabes mais coisas sobre São Miguel do que eu. Não te admires que, estando na Maia, saiba coisas de todo o mundo. Estou rigorosamente informado.

Onésimo - Há uma coisa interessantíssima na tua obra. Tu estás na Maia, mas estás num mundo imenso. E é isso que na tua obra é extremamente interessante.

Fala-me da tua ilha grande fechada.

Daniel - Só uma coisa. Talvez esteja no mundo todo, precisamente por estar na Maia. Se eu corresse tanto mundo como tu corres (tu estás no mundo todo à mesma, nesse sentido cultural), mas eu talvez tenha a necessidade de abranger o mundo todo, para compensar um pouco o estar na Maia.

A *Ilha Grande Fechada* tem uma coisa interessante. Aquilo foi feito a partir de um título. Não sei se é muito comum. O título é de um quadro do Tomaz Vieira, de quem sou muito amigo e admirador. Gostei tanto do quadro e do título, que resolvi pensar num romance para aquele título. O romance nasce rigorosamente do título, *Ilha Grande Fechada.* Há o homem que emigra. A imagem do romeiro que fecha a ilha no circuito da romaria.

Embarca naquela frase que tu citaste e melhoraste...

Sair da ilha é a pior maneira...

Onésimo - Não melhorei. É outro ponto de vista. Tu achavas e achas que tenho um visão muito romântica da ilha. Tu dizias: "Sair da ilha é a pior maneira de ficar nela", e disse-te: se calhar é a melhor maneira de ficar nela.

Daniel - E o que tu disseste ficou tanto no ouvido que já não estava a dizer o que eu tinha escrito, mas a dizer o que tu plagiaste

Onésimo - O João de Melo tem um texto que eu o cito como do João de Melo e, afinal, era meu: Os Açores: lugar de pouca terra e muito mar. E um dia fui descobrir que era meu e eu andava a citar o João de Melo, e afinal era meu.

Daniel - E afinal não é teu nem do João de Melo. É meu. Isso é anterior ao João de Melo e anterior a ti. Eram os artigos que escrevia de sátira no jornal, nos anos oitenta, contra o Dr. João Bosco: A brincar, porque tenho amizade e consideração por ele.

Chamava-lhe D. João Zero, rei de muito mar e pouca terra. E prosseguia o título, imitando o D. Manuel e até D. Afonso V, um título muito comprido que incluía Algeciras e aquelas terras todas espanholas de que já não me lembro o nome.

Onésimo - A tua ilha grande fechada não é fechada. A tua ilha é aberta?

Daniel - A minha ilha é aberta. Sabes que, muitas vezes, combatemos o que não somos. Qualquer pessoa que combate a imoralidade é porque, pelo menos, pensa que não é imoral. Muitas vezes fazemos as coisas que não somos. Quando combato a ilha fechada é precisamente porque estou convencido que não estou fechado nela. O escritor normalmente vai contra aquelas coisas que ele usufrui mas que os outros não usufruem.

Quem nos está a ouvir deve-nos ter percebido.

Onésimo - Sou do Pico da Pedra, mas percebo algumas coisas.

Daniel - Sim, sim.

Onésimo - É o único defeito do Daniel. É não ser do Pico da Pedra. Ninguém pode ser perfeito.

Daniel - O único defeito é achar que não é defeito o não ser de lá.

Onésimo - Nessa altura que andavas a publicar essas coisas da ilha grande fechada, tiveste um papel muito importante e muito interessante. Ali, na Maia. Tu e mais um grupo de gente da Maia. Honra seja que colaborou contigo. Foi a Balada. Que foi um foco de actividade cultural aqui em São Miguel. E depois, foi lá que muita gente se reuniu e que hoje está muito em contacto, mas ali se conheceu, naqueles encontros.

Como é que nasceram ?

Daniel - Nasceu muito simplesmente de uma conversa com o Afonso Quental. Dissemos: Vamos fazer aqui um encontro de escritores. Se não tivermos ajudas de ninguém, fazemos com os que estão em São Miguel. Se nos ajudarem um bocadinho, fazemos com os das outras ilhas. Se nos ajudarem mais ainda, fazemos com os que estão no continente português. Se nos ajudarem mais ainda, fazemos com os que estão no estrangeiro.

A ideia nasceu assim. Não tive qualquer dificuldade em apoios. Do Governo Regional, da Câmara Municipal, de empresas particulares Os apoios sobravam em relação às necessidades. Sabes que os nossos amigos Duarte Mendes e o João Martins com um simples telefonema resolviam tudo. A tua passagem, e tu vinhas; o Norberto Ávila vinha; o Manuel Machado vinha da Noruega.

Talvez um pouco inspirado nas jornadas literárias que tinham sido feitas aqui em Ponta Delgada :

Onésimo - Aqui na Ribeira Grande foram as primeiras.

Daniel - Sim. Nessas coisas não há geração espontânea. Quem fez as coisas não fui eu. Tive apenas a ideia de fazer. E fiz, no sentido de juntar vocês lá. Mas aquilo foi muito bonito, porque se juntavam as pessoas.

Onésimo - Nessa altura, a Maia era uma... ilha pequena aberta?

Daniel - Exacto. Tenho uma pessoa que sei que vai fazer parte desta série, que é um dos amantes dos encontros de escritores da Maia e nosso amigo comum. É o Dr. José Guilherme Reis Leite.

De vez em quando, fala-me daqueles encontros da Maia.

Onésimo - Por que é que isto se fechou?

Daniel - Fechou-se porque as coisas têm um tempo exacto de acontecer. Além disso, o Afonso deixou de ser o dono do Solar de Lalém. Agora é um casal de alemães que é dono daquilo.

Depois nasceu a ideia de se fazer noutras ilhas. Já se fez na Terceira. Já se fez em São Jorge. Também é interessante que se faça nas outras ilhas. Embora tenha sido o pai da ideia, não tenho direito nenhum à paternidade registada na filiação dos encontros. Qualquer um o pode fazer, porque não registei o nome nem nada.

Onésimo - Voltamos aos teus livros. Vou falar de um livro que tem um peso especial, a Crónica do Despovoamento das Ilhas. Primeiro, aquilo só é possível porque tu andaste aí a catar imensa informação.

Daniel - Tanta, que tu pensavas que parecia que eu tinha inventado a maior parte dela, mas era rigorosamente verdade. Ainda me criticaste: – Estás a inventar coisas e que depois um tipo cita como se fosse verdade. E é tudo rigorosamente verdade. Excepto aquilo que eu digo explicitamente que é ficção. Foi um livro de que gostei. Mas deu trabalho. Mas também uma coisa que não dá trabalho, não dá tanto gosto. Tive de juntar informações do Gaspar Frutuoso com cartas régias contidas no Arquivo dos Açores. Além disso, também gosto de imitar a linguagem de quinhentos e de seiscentos. Entrar naquele estilo mais ou menos ao ritmo daquela época. É bonito ter a obra completa com um bocadinho de esforço.

Onésimo - O estilo, apanhaste-o:

"Na grande felicidade em que estava nem via como a vida se encurtava nela, porque os dias eram horas bem pequenas e assim de tão breve ser cada um, breve a vida ia ficando".

Repito: "Na grande felicidade em que estava, nem via como a vida se encurtava nela, porque os dias eram horas bem pequenas e assim de tão breve ser cada um, breve a vida ia ficando".

A cadência, o ritmo, tudo isto...

Além da informação tu foste beber...

Daniel - Isto dito por ti até parece que está bem escrito.

Não tens aí mais um bocadinho para ler?

Onésimo - Tenho. Aliás, antes de vir para cá, fiz fotocópias das páginas e isto está sublinhado da primeira leitura. Da capa de Inês da Cunha:

"Foi meu pai tão contrário a esse amor, que me fechou em casa como em prisão de condenado à força. Dizendo que antes queria ver-me mui triste por uns dias do que desgraçada a vida inteira.

Minha mãe não podia consolar-me, ainda que quisesse e ela não queria. Por me achar tão pecadora com ele só de pensar nele que nem Madalena, Senhor, terá sido tanto. Mas tive artes por uma noite de exprimir o amor que em ardências tais nos faz mais cegos do que os olhos sem olhos e mais sem nada ouvir do que os surdos completamente. De fugir da minha prisão e abrigada nos braços dele escondendo tanto dos meus pais que mal me lembro dos caminhos andados em loucura tão doce. Só sabendo de mim nessa fuga que foi ela feita como em voo de uma carroça puxada por dois cavalos muito fortes até Aveiro, onde embarcámos para Lisboa. Daí tomámos rumo para a vila de Ponta Delgada, na caravela Medina. Parecia estar a ver o corpo de Deus connosco que nos deu tão bom vento de nordeste que em seis dias avistámos Santa Maria e ao outro de manhã chegámos ao destino da viagem".

Quem escreve assim não é gago.

Daniel - Está bem. Realmente não sou gago. Às vezes fazem esta observação, de imitar o estilo da época. Acho que é um bocado fácil. É um processo fácil. Pelo menos para mim resulta-me fácil. É um pouco como os pintores que são capazes de imitar um Greco. Sou capaz de imitar quem tenha escrita muito marcada. A escrita dos cronistas de quinhentos. Se repares no ritmo, faz lembrar o ritmo da *Menina e Moça*. Pego no ritmo e tenho uma certa facilidade de repeti-lo.

Os pintores mais fáceis de imitar são, por exemplo, um El Greco, um Van Gog, um Picasso, muito característicos. O pintor academista que não tem nada de especial, talvez não seja tão fácil de imitar. É fácil identificar um texto com uma época, embora não seja rigorosamente igual aos da época. A sonoridade, o ritmo faz de facto lembrar.

Onésimo - Dizeres que é muito fácil fazer é como o Eusébio a explicar como é que marcou um golo: O tipo passou-me a bola, dali da ponta direita, vi a baliza aberta, dei-lhe de cabeça e meti golo. E o gago a dizer assim: Isso, isso... é mui.. mui...to fá...fácil pa ... ara tu ...tu dizeres.

Daniel - Pois bem. Se queres, é difícil. Confesso que digo sem o tal orgulho que todos temos. Realmente é assim. Tenho uma certa facilidade em escrever... Por exemplo, o Bartolomeu. Tive uma pessoa que dizia que eu tinha levado dois anos a fazer aquilo. Afinal, foram não sei se 4 ou 5 semanas. Porque depois de apanhar o ritmo... Aliás, também naquela altura ainda conseguia fazer serão até às cinco da manhã a trabalhar.

Onésimo - Descontando as sestas.

Daniel - Sim.

Onésimo - Vamos voltar à escrita de ficção. Mas depois tu atreves-te a fazer ensaios, como um com o título *A Criação do Tempo e do Bem e do Mal.* É Nietzsche do Para Além *do Bem e do Mal.*

Foste atrevido...

Daniel - Não sei se fui atrevido. Eu escrevi para mim mesmo. Sempre tive a mania de pensar. Desde pequenino.

Onésimo - É perigoso.

Daniel - Pois é. Era mesmo criança. Lembro-me de pensar em coisas terríveis. Era muito miúdo. Bastante criança. Que iria acabar o petróleo, qualquer dia haveria tantas pessoas no mundo que já não cabiam. Ainda não tinha ouvido falar do malthusianismo nem nada que se parecesse. É como no exercício físico que faz desenvolver os músculos. O pensar faz desenvolver aquela inteligência que todos temos. De maneira que sou um vulgar de Lineu a tentar pensar para mim mesmo, a tentar resolver os meus próprios problemas, que ficaram na mesma insolúveis e irresolutos.

Fiquei satisfeito, porque fiz uma tentativa de chegar ao cume do Evereste, embora não tenha passado, sei lá...

Onésimo - Tiveste outra aventura, outra incursão atrevida: *E Deus Teve Medo de Ser Homem.*

Daniel - Mas aí há duas coisas. Há o fascínio que tenho pela figura de Cristo-homem, sem ter em conta se é ou não filho de Deus, independentemente do factor religioso. Tenho esse fascínio enorme pela figura humana de Cristo.

E tenho, ao mesmo tempo, um fascínio enorme pela cultura judaica, desde a antiguidade até aos nossos dias. E a admiração imensa pelo judeu mais conhecido que é Jesus Cristo. O livro nasce dessas duas componentes, de Jesus-homem, mas rigorosamente o homem, independentemente do Deus em que, como cristão, acredito. E juntei os dois naquela parábola - que não passa de uma parábola - de Auschwitz e que não é preciso identificar nem adjectivá-la.

Onésimo - Aliás começas o *E Deus Teve Medo de Ser Homem* com uma epígrafe. Tens uma história judaica logo no início.

Daniel - Exactamente.

Onésimo - Tens uma epígrafe muito interessante. Lembras-te da história?

Daniel - Ajuda-me, se te lembras melhor.

É sobre a noite e o dia. Uma parábola muito pequenina. Um professor que pergunta aos alunos: Quando é que começa a ser noite? Um diz: É quando sol se põe. Outro: É quando aparece a primeira estrela. O professor diz que não. É quando ele não vê em cada homem um amigo. Creio que é mais ou menos assim.

Onésimo - Quando começa a ver em cada homem um amigo.

Daniel - Estamos a misturar tudo. É quando é que começa o dia. Quando nasce o sol, quando desaparece a última estrela. Então, o professor diz: - É quando o homem começa a ver em cada homem um amigo.

Onésimo - Aliás, é muito judaica. E esta é muito judaica e muito americana. O padre católico, o pastor protestante, e o rabino, estão a discutir para saber quando é que a vida começa. O padre toma a posição tradicional: É no momento da concepção. O pastor protestante, muito liberal, diz que é no momento do nascimento. O rabino diz: – Não, é quando o meu último filho vai para a Universidade.

Daniel - Já agora... Não sei se tenho ainda tempo... Para te consolar a ti, que tens o complexo de não saber música, não saber cantar.

Onésimo - Gostava de cantar.

Daniel - Vou-te contar uma história muito interessante, quando estive nos combonianos em Espanha. Fui ajudar um pároco, numa paróquia perto de Valência. Ninguém cantava naquela igreja. E eu tinha pena daquilo. Cheguei a pensar num discurso para dizer ao D. Francisco – o homem a quem dedico *E Deus Teve Medo de Ser Homem*: "Não tenho jeito para ensinar a cantar, mas o D. Francisco se calhar ainda é pior do que eu. Se quiser, ensino aí umas cantigas aos velhinhos". Foi o discurso que pensei, mas tive vergonha de lhe dizer.

Dois ou três dias depois, o homem diz-me que estava um bocado aborrecido, porque o seu orfeão tinha sido convidado para ir cantar à Polónia, mas só tinha quatro sopranos. Era maestro. Professor de música na Universidade de Valência. E era esse homem que eu queria ensinar a cantar. Todos temos os nossos casos.

Onésimo - Cá está. O nosso orgulho aí cai pela base, quando nos acontecem coisas dessas.

Escrevi no final de um destes dois livros - *E Deus Teve Medo de Ser* Homem ou *A Criação do Tempo, do Bem e do Mal)* - "interessante maneira de pensar, muito pessoal e independente".

É uma das coisas muito curiosas. Tu estás ali na Maia. O nosso primeiro encontro, estava eu no Seminário... foi eu a defender o evolucionismo e tu a tomar uma posição conservadora.

Daniel - Sim.

Onésimo - E tens uma maneira de pensar tão pessoal. Tudo aquilo passa pelo crivo da tua reflexão pessoal e tens posições que não são necessariamente heterodoxas, mas não são muito ortodoxas.

Como é que te situas perante tudo isso?

Daniel - Dou justificações a mim mesmo. Tudo o que tento explicar aos outros é o que tento explicar a mim próprio. Não tento resolver os problemas aos outros, mas ter resposta para mim próprio. Estou a pensar para mim. Quem aderir, aderiu. Quem não aderir, paciência. Não podemos esperar que todos adiram às nossas ideias. Mesmo se estás a pensar na relação com a hierarquia católica, com o que está definido moralmente, mesmo sobre este aspecto, nós só somos responsáveis apenas perante a nossa consciência. E só o que a nossa consciência nos diz o que é bem ou mal é que é bem ou mal, teologicamente falando, moralmente falando, como tu quiseres. Não me preocupa minimamente. Procuro, não é bem, não ser atrevido. Não gosto de afrontar ninguém directamente. Mas gosto de ser eu a pensar. Tudo o que eu disser é o que eu penso. Não faço favores a ninguém.

Onésimo - Essa independência é de facto notável.

Outra coisa curiosa é tu escreveres ensaios e não perderes o fio, esse lado de escritor. Trouxe uma citação extraordinária do *E Deus Teve Medo de Ser Homem*, sobre a memória: "Porque a memória é que torna possível a prevalência do sofrimento. Como um amigo uma vez dissera: Esquecido, é como se nunca tivesse existido".

É uma belíssima frase.

Daniel - Vê lá. Quando é que começaste a existir? Nós todos temos menos dois ou três anos de vida, não nos lembramos desses anos. Só começámos a existir quando temos uma certa memória de nós mesmos que nos dá a individualidade.

Há pessoas que perdem a memória. Há casos clínicos. Pessoas com 10, 15, 20 anos com perdas de memória em semi-coma, podem viver até aos cem anos, mas só viveram trinta. Essas pessoas não chegam a viver: A memória é que nos faz viver.

Onésimo - O tempo está a passar, disseram-nos que está a acabar.

As Duas Cruzes do Império - outra incursão, outra aventura extraordinária, porque na pele do Padre António Vieira.

Daniel - É engraçado. Vou resumir: Vieira é uma pessoa por quem tenho uma admiração enorme e uma curiosidade enorme, desde os quatro ou cinco anos. Minha irmã, que já andava na escola, falou do Padre António Vieira. E eu perguntei quem era?

Era um padre, mas não sabia explicar-me. Perguntei:

Mas, minha mãe conheceu o Padre António Vieira? E ela: *Conheci. Foi meu vizinho.*

Onésimo - Mas era mentira...

Daniel - É a única virtude que reconheço em mim é não ser mentiroso. Fiquei desesperado. Mas fiquei sempre com aquele eco do António Vieira. E há anos que tinha o gosto imenso de tentar imitar um sermão do Padre António Vieira. Já houve pessoas que o confundiram com um sermão autêntico do Padre António Vieira.

Onésimo - Gostaria de pegar aqui em mais uns textos, mas vamos terminar.

Tu estás na Maia. Hoje um livro, se não tem ninguém a promovê-lo, não tem grandes possibilidades. Tens cartas de Fernando Namora, de Vergílio Ferreira. Tens um leitor atentíssimo no Brasil, o Luiz António Assis Brasil...

Daniel - Tenho-te a ti na América.

Onésimo - Eu só faço isso por velha amizade... Um leitor, um crítico, às vezes mauzinho, o Fernando Venâncio, tem escrito coisas simpatiquíssimas sobre os teus ensaios. Até o padre Victor Melícias escreveu. Escreves só para ti, ou pensas neles?

Daniel - Sim, mas também agora foste pôr em público o que o Fernando Venâncio me escreveu... O Onésimo é muito amigo do Fernando Venâncio... Depois pede-lhe desculpa, se achares que deves pedir desculpa.

Onésimo - Esses leitores. Escreves só para ti, ou também escreves para eles?

Daniel - Tu é que me aconselhaste a enviar o livro ao Fernando Venâncio. Quando ofereço um livro, é a pessoas de quem gosto de conhecer o pensamento. E o Fernando Venâncio é dos escritores que mais admiro, em termos de qualidade de escrita e pensamento.

Onésimo - Vamos terminar. Estás na Maia. A Maia não é uma ilha grande fechada. É uma ilha pequena aberta. Afinal, não é preciso sair da Maia para se estar no mundo todo. Não é preciso sair da Maia para se ser universal.

Daniel - E fica entendido que o meio caminho entre Providence e a Maia é a Ribeira Grande.

Onésimo - Muito bem. Obrigado por teres vindo até aqui. Sei que é um enorme acontecimento tu vires à Ribeira Grande. Era impossível levarmos-te a Ponta Delgada.

Sou um leitor assíduo, fiel, e só gostava de chamar a atenção dos telespectadores para o escritor. Um escritor que tem, ao longo destes anos, acumulado uma obra invulgar, de um nível de reflexão pessoal, com uma qualidade de escrita extraordinária. Se mais não ficasse desta conversa do que uma vontade de as pessoas irem às livrarias procurar um livro do Daniel... A única coisa que posso dizer é que experimentem e, já agora, comecem pelo *Sobre a Verdade das Coisas*. É fácil de começar, porque depois de se começar vai-se aos outros.

Daniel - Posso acabar num instante. Só gostava de dizer que eu é que devia estar aí. Entre nós, não há elogios. E costumo te definir quase como irmão.

Onésimo - Não vamos cair naquela dos dois compadres - As pessoas mais importantes da minha freguesia são duas. Uma, é o meu compadre; a outra, diga lá o meu compadre quem é.

Obrigado, por teres vindo até aqui.

Regressa à Maia. Mereces uma sesta.

Telespectadores, amigos, até ao próximo programa.

Obrigado por terem estado connosco.

(Entrevista realizada em Janeiro de 2001 para abrir a série "Onésimo à conversa com...", iniciada nesse mês na RTP-Açores, e reemitida em 27 de Maio de 2013)

(Entrevista transcrita neste livro com a prévia e benevolente autorização da Directora da RTP-Açores- Dr.ª Maria do Carmo Figueiredo e do Prof. Doutor Onésimo Teotónio de Almeida)

A ANTIPOESIA
EM DANIEL DE SÁ

Por Dionísio Sousa

"La poesía morirá si no se la ofende, hay que poseerla y humillarla en público. Después se verá lo que se hace".

Nicanor Parra, *Artefactos*

"A poesia é o ornato".

Daniel de Sá. *Em nome do Povo. Amem*

Este texto tem como objectivo apenas do contribuir para um outro ângulo da apreciação da antipoesia do *Em Nome do Povo. Amem*, cronologicamente a primeira obra de Daniel de Sá publicada em 1980, em edição do autor.

Lamentamos que ,como exemplo de antipoesia, não seja possível dispor neste livro de antipoemas completos do Daniel e, menos ainda, do próprio livro, mas as circunstâncias assim o impuseram.

Pode-se fazer notar, desde já, que quando se passa dos textos fundadores e proclamatórios de Nicanor Parra que constituem uma parte substancial da obra considerada fundadora da antipoesia – *Poemas y Anti Poemas* (1954) à sua aplicação concreta nos seus próprios poemas, nem sempre se verifica a ruptura radical que se exalta e propugna. Há modos, há conteúdos ou formas da poesia que se procuram abolir, mas que persistem para além das intenções contrárias expressas.

O conteúdo deste texto será somente o de tecer algumas considerações à volta de uma ideia. Apenas a seguinte: Não se pode apreciar, ou melhor avaliar e analisar um livro de antipoesia pelos mesmos critérios que servem para avalizar e fundamentar um juízo de valor sobre um livro de poesia. Creio que esta regra metodológica nunca foi aplicada ao "Em Nome de Povo". A antipoesia não é apenas uma forma diferente de continuar a fazer poesia. Ela não é uma sobrepoesia aperfeiçoada. Ou uma subpoesia diminuída. Ela pretende romper com os cânones tradicionais que regularam , durante séculos, a poesia e os seus temas. Ela é, sobretudo, anti. E, não, ainda, poesia.

A antipoesia denuncia o absurdo, as incongruências, as contradições e mesmo as injustiças políticas e sociais. Mas mantém-se na denúncia, permanece na denúncia sem oferecer uma alternativa, uma possibilidade de salvação: é uma poesia da desesperança.

De acordo com esta regra, se ela for aceite como pressuposto, não se poderá dizer, regressando ao caso concreto de Daniel, que ele foi um eminente poeta nas *Rosas de Granada* e um medíocre poeta no *Em Nome do Povo*. Como se houvesse uma linha de continuidade evolutiva entre um e outro daqueles livros. Não, no primeiro deles, o Daniel situa-se na esfera da antipoesia. Nas *Rosas de Granada* ele aspirou mesmo à poesia.

Mas é a altura de começar a responder à pergunta: Mas, então o que caracteriza a antipoesia?

Comecemos uma aproximação, desenvolvendo aquilo que está mais ou menos explícito na frase de Nicanor Parra que encima este texto.

A poesia está condenada à morte se não for sujeita a um tratamento de choque. É comparada a uma mulher digna e respeitável, que tem de ser libertada da sua convencional respeitabilidade.

Deve ser ofendida, possuída, humilhada.

O que se tem em vista é a gradação crescente na desmistificação de todas as convenções que adornam a poesia e lhe granjeiam aceitação e mesmo honrarias.

Mas há mais um grau ainda, na violência agressiva sobre a poesia. Deve sofrer todos estes ultrajes e enxovalhos, não num círculo fechado de entendidos ou eleitos, mas na praça pública. Com isto, pretende-se obter dois efeitos. Retirar a poesia dos seus ambientes habituais e mais ou menos assépticos.

Nicanor vai explicitá-lo com veemência no seu "manifesto"

Contra a poesia do café

A poesia do salão

A poesia da praça pública

A poesia do protesto social.

Mas isto, ainda só se refere à própria poesia em si. Mas a praça pública serve para mais alguma coisa. Para levar a todos, aquilo que até então era usufruto apenas de alguns.

Num dos poemas Nicanor Parra resumirá esta ideia.

Esta é a nossa mensagem:

Os resplendores da poesia

Devem chegar a todos por igual:

A poesia ao alcance de todos.-

Pergunta: vamos encontrar em Daniel de Sá, no *Em Nome do Povo* esta veemência antipoética?

Seguramente não, com a violência ostentadora de Nicanor. Mas há antipoemas do Daniel que batem esta tecla. Por exemplo, este "cantar-te em liberdade":

"Gosto de cantar-te na liberdade da prosa,

Sem métrica nem rima.

Porque a prosa é a arquitetura e a poesia o ornato,

O belo superficial das coisas essenciais."

Por isso vai terminar, chamando-lhe "este poema imperfeito".

Outra faceta já referida: a da desesperança. No antipoema de Daniel de Sá "Monotonia", esta inutilidade sem limites será exemplificada "Na poesia do poeta", mas também na viola do cantor, na pena do jornalista, nos comícios da ilusão"

"Vamos cansando a esperança."

E quanto à poesia na praça pública e para todos?

Daniel não faz deste assunto um tema programático a atingir, mas como um dado histórico já alcançado.

"Somos um povo liberto

E já podemos gritar

O que calámos,

Em muitos anos

Em muito anos.

Somos um povo desperto

E assim queremos ficar

Por muitos anos,

Por muitos anos."

É evidente que há diferenças de tónica nos antipoemas de Daniel de Sá e no tom panfletário de quem quer romper com uma poética ultrapassada e que já não tem eco nas grandes massas da civilização industrial, e a de um poeta que não pretende fundar uma escola, ou abrir um rumo novo à poesia, mas sim, o que é bem diferente, fazer a aplicação desse molde antipoético a uma realidade histórica concreta.

Há uma coisa , porém, que se pode salientar, em abono da coerência antipoética do Daniel. É que Nicanor Parra ainda conserva no título a palavra poemas, no seu primeiro livro de 1954, *Poemas e Antipoemas*, Daniel de Sá vai bani-lo, por completo dos seus títulos. A começar no subtítulo do livro (Antipoemas e outras palavras) e em todos os subtítulos introdutórios das 25 divisões do livro. Chama-lhes, simplesmente "Textos".

E mesmo em relação aos títulos destes "Textos", vai abrir apenas uma excepção. Para "Um poema definido", já para a parte final do livro. Poema em que, nas três primeiras estrofes ele repete por três vezes o termo "palavras", sempre qualificado com adjectivos diferentes ("palavras vagas", "palavras nebulosas", e ainda "delírio de palavras") talvez, digo eu, a justificar o "outras palavras" do título do livro. Sem esquecer uma palavra que ele qualificará "que palavra terrivelmente antipoesia!" A palavra "condecoração" e que, para um antipoeta não pode deixar de simbolizar o cúmulo do convencionalismo social, principal frente de batalha da antipoesia.

Mas esta exautoração pública da poesia far-se-á com que meios concretos? Que modalidades de expressão preferenciais ou dominantes?

Quais as que são próprias da antipoesia?

São várias, mas podem-se catalogar nas seguintes, que irão sendo exemplificadas com passagens do *Em Nome do Povo*:

1.A antipoesia recorre à burla, à sátira, ao sarcasmo, ao humor negro. Atinge-o em maior grau utilizando lugares comuns, frases feitas abstraídas do seu "contexto sério". Assim ridiculiza entidades, situações, ideias, condutas.

Exemplos do Daniel:

"com três galões se faz um capitão.

Com vários capitães se fez Abril

Mas é com homens que se faz uma nação".

"Achou-se que era velho de mais um velho Estado Novo"

"Ficamos saciados de pétalas e risos"

"Somos um povo de datas e nomes"

"A esperança é a última coisa que o homem perde"

"Temos de pôr mãos à obra"

2. É uma poesia do cepticismo. Manifesta-se descrente de convicções políticas e outras.

Exemplos do "Em Nome do Povo"

"Descobriu-se que um estado é a voz do povo.

E houve a sublime certeza

De que o povo é quem manda,

Sem clero nem nobreza.

Mas é com estes ainda que tudo anda".

"...democracias da plebe,

Democracias   burguesas,   democracias   não-sei-quantos,

Mas não nos deram democracias democráticas"

"Foi tudo poeira ao vento"

"Se foi só para isso o maremoto

Da multidão de Abril,

Foi pra bem pouco..."

3. É uma poética demolidora.

Busca com ardor destruir modos de ver o mundo, a própria linguagem poética e mesmo a concepção do poeta tradicional.

Exemplos, sempre do Daniel:

"Mas, no país libertado,

Aparece a confusão

Entre a liberdade e o pão;

– Antes quero a liberdade

Do que fartura de pão!

– Antes pão sem liberdade

Que liberdade sem pão!

– Eu quero ter liberdade

E ter direito ao meu pão!

E ficam manchas vermelhas ,

Cravos da Revolução.

– É sangue.

"Na poesia, quando há olhos

e alma,

há quase sempre abrolhos

e calma".

"Deixam-se então os abrolhos,

Deixa-se a calma?.

Não é preciso:

Este poema não tem olhos

Nem alma."

4. Mostra a incongruência e os contrastes do quotidiano, da história individual ou de um povo.

Exemplos:

"todos querem a paz.

E todos dão conselhos sobre a paz.

Mas quem por mais seguro se quer ter

Tem uma arma na mão!"

"Demos a volta ao mundo, mas voltámos ao Jardim".

"País trocado e vendido".

"As pátrias são ideias nebulosas

Que os homens criaram para terem dono"

"Um país de sol

Onde a névoa é o futuro"

O exemplo maior é o longo antipoema intitulado "Nem só de cravos se vive" que é um desfiar de contrastes, de desconformidades , mesmo de enormidades, e sobretudo de insatisfação e de desilusão.

"Povo de meliantes em liberdade e de alguns honestos presos."

Em resumo, acentua as contradições, desmascarando a realidade, os preconceitos e os falsos valores sociais.

5. É retórica.

Basta continuar neste mesmo poema "Nem só de cravos se vive."

Transcrevem-se só os versos iniciais que mostram como este antipoema é um encadeamento de expressões reforçando-se mutuamente na repetição da mesma tónica.

"Num país de marinheiros, quase sem barcos trabalham.

Nas cidades que já foram limpas, há sujidade e nojo.

Mas há o 25 de Abril, os cravos, a revolução sem tiros.

Somos felizes... ficámos saciados com pétalas e riso."

Como se constata, superabundam no *Em Nome do Povo* os mecanismos, temas e modos que compõem a antipoesia, quer no terreno da linguagem, ou na visão do mundo e na ideia de um típico antipoeta.

Impõe-se uma questão final. Daniel de Sá, um mau poeta no *Em Nome do Povo*? Ou um bom antipoeta no *Em nome do Povo*?. Um mau antipoeta nas *Rosas de Granada* e um bom poeta nas *Rosas de Granada*?.

Acho que podemos dizer que Daniel de Sá foi, em cada um deles, o que quis ser. Antipoeta, quando tomou a antipoesia por modelo. Um bom poeta, quando se exprimiu dentro da expressividade, dos quadros e da dimensão da poesia.

Concedemos, sem dificuldade, que, quando foi executor de um modelo pré-fabricado da antipoesia não terá conseguido na total plenitude o seu objectivo, mas considerado dentro dos pressupostos da antipoesia, não merece o ostracismo a que o pretendem condenar.

Em ambos os casos, não se verificou aquilo que Daniel de Sá expressou, em tom de auto-análise de tom pessimista e céptico, mas radicalmente antipoético.

"Gasto o meu talento inteiro

Procurando ter talento...

E tenho o pensamento seco

Como rocha do deserto...

As palavras procuradas

Não são como a vara de Moisés..."

Repetindo uma frase feita, tipologia tão do agrado dos antipoetas: Ninguém é bom juiz em causa própria. E bom juiz do Daniel, só Deus, como o significado original do seu nome o inculca.

Dionísio Sousa

Vila de S. Sebastião, Abril de 2015

DANIEL DE SÁ – POETA DO AMOR E DA LIBERDADE

Por Sidónio Bettencourt

Tudo começou *Em Nome do Povo. Amem.*

Trazias a alegria dos primeiros versos, a fuga de seres deputado, e o desejo de que falássemos os dois no velho rádio da Gaspar Frutuoso - esse mesmo, pai da nossa historiografia insular. Conhecia-te pelo nome e pelo respeito e quando acabou a nossa conversa nocturna disse-te que escrevias à Manuel Alegre, que tão bem conhecia de Águeda, da Alma, da Voz da Argélia, da Trova do Vento que Passa. Queria que fosse um elogio e, por isso, guardo religiosa e secretamente, essa relíquia, onde dás o mote para o teu trajeto literário. "Voz de um Povo", "Voz com Povo", e "Amem", fim de oração, princípio dos teus conceitos aprofundados de filosofia, teologia e história.

Eras o professor Daniel de Sá. Um senhor deputado. Eu, um jovem jornalista de rádio. A princípio pareceu-me um pouco poesia da moda, um pouco panfletária mas de boa qualidade. Não sei que destino lhe deste. Não a ouço lida nem cantada. Não a vejo na tua biografia literária. Falava-te de vez em quando e tu sorrias. Como se nada daquilo fosse importante. Para mim, era no mínimo o nosso primeiro encontro, a verdade sequencial, umbilical, era o meu primeiro exclusivo, o meu primeiro acesso à memória dos inspirados na rotina dos deuses. Espécie de prémio que mais ninguém se lembrava. Injustamente.

Hoje, passados que foram 36 anos, olho aqueles poemas com outra maturidade. E tu também, estou certo. A poucas horas da sessão de oficial de Abril, releio-te, e escrevo, entre o teu primeiro livro e o último editado já depois de nos teres fisicamente deixado. *Em Nome do Povo. Amem"/ "Rosas de Granada.* Curiosamente dois livros de poesia, da melhor poesia, reconhecida e exaltada por Manuel Alegre, aquele que evoquei no nosso primeiro encontro, como se chegasses e partisses por entre a chuva do poema.

Apetece, neste 25 de Abril, abrir fileiras, subir aos palcos, e dizer todos os poemas que aqui tens, esquecidos, quase renunciados. Abril, merece-te.

Em Nome do Povo. Amem, ou como sublinhas – antipoemas e outras palavras-, editadas cinco anos depois do dia da Revolução dos Cravos, com uma dedicatória que havia de ser o amor eterno, do teu princípio e fim: "dedico a uma mulher: a minha. A uma Pátria: a nossa."

E da tua Maia, escreves em poema prefácio: "Deram-lhe em Abril um cravo vermelho para guardar bem guardado. Mas, à falta de água, homem e flor ficaram sequiosos. A pouca que tinha, ou a dava ao cravo o homem ou a bebia ele mesmo. Então, decidiu que, entre uma flor e um homem, primeiro o homem. E bebeu. Mas o cravo não morreu."

Um livro cada vez mais actual e que tendo uma data não é datado. Um livro, levemente arrumado na subtileza das ideias e convicções. Abril por abrir/Abril é uma crise de esperança/ Em Abril semeia o povo/ Lamento/ Bendito Abril que o não permites mais/ Duas falas para um Abril açoriano/ Um português fala de si/ Um lamento e uma Mensagem.

Profundamente intemporal, e sem margens. É de um país e de um mundo, qualquer mundo, visto de uma ilha. De todas as ilhas do mundo. Sempre premonitório.

Fala da guerra, da Pátria, dos lamentos das cantigas de amigo, do cantar-te em liberdade e da monotonia da vida e das decisões. Uma monotonia quase resignação:

"... nos comícios da ilusão/ bendiz-se o povo que sofre./ Os maiores da nação/ pensam no povo que sofre./ A poesia do poeta/ é para o povo que sofre./ a riqueza libertada/ é para o povo que sofre./ Que a nação só é completa/ com todo o povo que sofre./ E o povo, tomando a enxada/ cavando/ calado, sofre."

E em seu nome a " Fala de Diogo de Silves – Suposto Descobridor dos Açores":

"Eu parti para um mar desconhecido/ Em busca destas ilhas por achar,/ Peregrino da esperança, sem saber/ Onde acabava o meu peregrinar/ Terra-virgem achei, terra-esperança,/ Terra-futuro em ondas de mar alto./ Terra-promessas, noiva da certeza/ Que se cumpre a florir sobre o basalto./ E nesse dia aqui pude mostrar/ Que, nem tudo o que é sonho é só loucura./ O Infante o quis e Deus o permitiu,/ Esta terra nasceu dessa aventura./ E a terra floresceu e cresceu sempre./ Mas já não cabes nela, não se encerra/ O ser açoriano em estar aqui,/ Que o amor foi mais fecundo do que a terra./ Outros mundos nasceram dos teus braços./ Outras saudades houve, que quem sua/ nem sempre é o senhor do seu suor./ Esta terra, afinal, não é bem tua.../ Cumpri o meu dever de descobri-la./ Deves cumprir o teu de reparti-la".

Da ilha, desse lugar escondido, esse desejo de um novo país, de um desejo apelo de urgência cada vez mais nosso, e mais de hoje. Uma legenda para uma "Natividade Pátria":

"Ando louco de amor por um país/ que não existe./ Ó vós, que o construis, por que o não construístes?/ ... Porque esta nação que somos/ espera a pátria a haver/ dessa semente em que pomos/ a razão de ela nascer./ (como isto soa a falsa alegoria/ do que se teme fazer, mas que se deve...)/ Que seja em breve dia/ E seja breve."

Daniel de Sá, era já no seu primeiro livro de todos, um homem inconformado, inquieto, ávido da confirmação das palavras. Nunca as palavras de ontem foram tão de hoje; nunca o poeta foi tão presente mesmo que as palavras estejam guardadas no baú do esquecimento e ele já as não possa dizer na sua própria voz, que a voz do poeta é, também, a ressonância de cada um de nós em todos os Tempos. Porque para Daniel de Sá, é sempre "A Hora":

"O que somos/ não fomos./ E o que queríamos ser/ ainda está por fazer./ A História não para nem dança/ sempre no mesmo lugar: A História flui sem parar./ Por isso, não serve a esperança/ quando não é mais que um modo/ de estar à esquina do tempo/ a ver o tempo passar./ É Portugal que se faz/ temos de pôr as mãos à obra/ que com trabalho e com paz/ há Portugal de sobra./ Hoje, ser presente é viver agora/ o Próprio amanhã que se deseja./ É construir com mãos e pensamento/ O mês, o dia, a hora/ Ou o minuto que se quer que seja./ É ter vida no tempo/ E, deixando o passado aos imortais/ Viver esse minuto sem demora./ Depois, é ser nunca mais. É a hora!"

Sabia, meu caro Daniel, que tinhas uma paixão pelo rádio, pelos mistérios do imaginário, pela sedução das vozes, pela sequência metafórica da realidade. Que adoravas escrever para os outros dizerem… E, este ano, permite-me o reparo, ainda estamos à espera do teu novo conto de Natal, para gravar. Estamos sempre à tua espera.

Únicos. Os teus contos de Natal são o nosso orgulho publicado.

E nessa tua mania de chegar sempre um pouco atrasado, com horas marcadas depois da sesta, entendeste chegar mais cedo hoje, e como não viste ninguém regressaste a casa, logo hoje, em que estamos todos aqui para saborear o teu novo livro de poesia. Depois do primeiro e único, este último, já sem ti, dedicado à tua verdadeira Pátria, do amor, a tua Amada. Os que não vieram mandaram mensagens. Francisco Cota Fagundes, lá na cátedra das suas américas, que anda a fazer estudos comparados entre a tua obra e a de Jorge de Sena e Manuel Alegre - Trovas de um Vento que "não passa", Luísa e Carlos César, uma gratidão imensa por Ti, Daniel…O Genuíno e a epopeia dos mares, a Madalena San Bento que está a escrever com o rasgo e a profundidade que lhe adivinhaste, e até o Hélder, que se esmerou, como sempre, até ao limite da criação. Fez das tuas *Rosas de Granada*, um livro, cor da rosa, cor do sangue, do vinho, da sensualidade e do amor, do amor sofrido. Parece um dos livros do escritório de contabilidade do Fernando Pessoa. Um livro de registo de contas, talvez de acerto de contas, como se ele, saísse do *Livro do Desassossego*, para dizer simbolicamente, melhor que ninguém, de ti, do teu povo, da tua Maia, da tua Rua dos Foros, se aqui estivesses:

"Da minha aldeia vejo quanto da terra se pode ver o universo/ por isso a minha aldeia é tão grande como outra terra qualquer/ porque eu sou do tamanho do que vejo/ e não do tamanho da minha altura/ a mim ensinou-me tudo!/ Ensinou-me a olhar para as coisas!"

"Aponta-me todas as coisas que há nas flores/ mostra-me como as pedras são engraçadas/ quando a gente as tem na mão/ e olha devagar para elas!"

Estou descansado, mas com pressa. Sei que dormes a sesta e em surdina posso mandar palavras que o coração dita na ligeireza da tarde. Não as que gostaria de dizer com a profundidade que assim, perpetuando o teu nome, a ilha se solta, que a vida é um desafio de todos os dias e não a soma de importantes mas sempre vãs e efémeras glórias, que na poética de António Gedeão, para a melodia, voz profunda e mítica, de Manuel Freire, teu amigo que nos trouxe a palavra, a voz e os sentimentos, puros e sinceros, de braço feito com a amizade, na reedição de *Ilha Grande Fechada*.

"eles não sabem nem sonham/ que o sonho comanda a vida/ que sempre que um homem sonha/ o mundo pula e avança/ como bola colorida/ entre as mãos de uma criança"...

De vez em quando, lá fora chove. "Chove e chove sempre na ilha" como diria o Carlos Faria, no seu "Ciclo da Esmeralda". É deste tempo outonal carregado de Inverno com que se escreve o Poema. É deste tempo assim que procuro a evasão e te digo:

"…o mar, o céu. a mesma cor cinzenta no brilho da luz do medo. o ar deserto ou a fuga…o pão, sempre o pão, e os filhos da terra abençoada. onde estão olhos, as mãos, os pés, as dores, o coração? dói este silêncio de mágoa na fria tarde de maré seca. dói estar longe dentro de ti…"

É escusado dizer, Daniel, da alegria e do orgulho enorme que senti quando sobre o peito do lado do coração te colocaram em Dia de Portugal de Camões e das Comunidades, – dia de anos de meu pai, dia de nostalgia e saudade – essa "Conde Coração" que te assenta tão bem. "Oficial da Ordem Infante D. Henrique", e depois, na tua ausência no Corvo – ilha de todas as sabedorias – a "Insígnia Autonómica de Reconhecimento". Se alguém a merece és tu, porque símbolo da ILHA e de todas as literaturas que a ela lhe queiram associar.

A ti te devemos um rico ESPÓLIO, um BARTOLOMEU em LONGA ESPERA…nesta TERRA PERMITIDA…Um DEUS Á BEIRA DA LOUCURA numa ILHA GRANDE FECHADA, preponderante na CRIAÇÃO DO TEMPO, DO BEM E DO MAL, dentro de uma CRÓNICA DO DESPOVOAMENTO DAS ILHAS…Um Deus, que entre CRUZES DO

IMPÉRIO chegou a ter MEDO DE SER HOMEM.

A ti devemos uma ilha, a tua ilha que DO FOGO SE FEZ VIDA, ou a primeira de todas, Maria de seu nome, a ILHA MÃE, por onde se vislumbra sempre o culto ao divino, perante terramotos, medos e muita fé, um povo sempre à espera de UM OLHAR HUMANO DE DEUS…A ti, devemos a pedra lávica tão bem fortificada pelo nosso querido Emanuel Félix, mesmo que seja o reduto, o abrigo, de todos os PASTORES das nossas CASAS MORTAS.

Pois é, meu Caro Daniel, foi a pensar em ti, no que és e representas, que escrevi simbologias da tua natureza, de mar e terra, de céus infinitos com povo dentro, que canta e ri, que disfarça a dor.

"A noite/ era o sol do teu nome e o cântico do entardecer/ adormecida entoação do rosto/ sorriso da lua/ marginal de água doce/ sobre o rio de sal barcos quentes de vinho e ouro/ ribeira de lava e dos sentidos!"

"A noite/ pura das tuas mãos/ os ferrinhos a viola o acordeão os tambores/ alma de todos os sabores!

O mar manso das viagens e a claridade!

Passo a passo a sede dos teus olhos na terra/ o berço da memória cansada!

A frescura da foz/ o fado do assobio o malhão a chamarrita/ o balho da Povoação/ a neblina o vento deslizante em nós/ dolência do coração/ a noite era a ilha filha da tua voz!"

À maneira que te afastas, Daniel, sentimos alguma orfandade, saudades do Patriarca, do Patrono, a consciência crítica, o pecado e a absolvição, a exigência subjacente e subliminar. A ética e a moral instalada. Um conservador progressista.

Tantas, e tantas vezes, recorremos a ti para uma opinião, um desabafo, uma reconfortante confirmação, um mexerico político, uma notícia de última hora, e bastava, para que o dia fosse diferente, uma chamada com apelo de urgência: "Vamos ao Amaral, comer uns Charros com o Daniel". E, como a ILHA se transformava em nós, nesse precioso momento.

E assim se construiu, passo a passo, livro a livro, uma obra notável, dando vida e sonho, ao teu desígnio de, quando deixaste de ser nómada, missionário por Valência e Granada, te rendeste à ignorância de teólogos e filósofos, decidiste a procriar família, e definitivamente te dispuseste a ser "rural e sedentário" que como dizes, "afinal Deus está em toda parte e o Mundo inteiro vem cá ter com a gente", deste uma lição de amor à terra e à tua gente, provando que viver no interior de uma ilha não é nenhuma fatalidade. É um privilégio. E, assim nos cantas de dentro para fora, universalizando no teu sibilino olhar as grandes coisas da nossa pequenez ou, (quem sabe?) as pequenas coisas da nossa grandiosidade.

Ainda está por esclarecer essa coisa de nunca te incluírem na lista dos poetas, de fingires não seres poeta, quando, sabemos todos que alguns dos melhores poemas que conheço, nasceram precisamente das tuas mãos. Escreveste a Ilha, com basalto, com bruma, com hortênsia, com gaivota, com mar, com mormaço, com baleia, com verde. E quase às escondidas, com um misto de contemplação critica e revolta:

"Se ser poeta, aqui, é dizer "ilha"/ Eu digo "ilha", e sou poeta./ Basalto, bruma, hortênsia,/ Gaivota, mar, mormaço./ E uma baleia/ "Na memória das gentes"/ A recordar que aqui houve a coragem./ De ser ilha./ E o verde para encurtar a distância/ De onde tudo é longe./ Na raiva de não sermos/ O nosso próprio sonho./A Ilha/Fechada./ Como se todo o ser criado/ Todo o Mundo/ existissem para justificar que ela exista/ sem saber da existência dela.

E escreveste poemas ao Emanuel Félix e a Natália Correia, ao jeito dela, poema autobiográfico, um poema dedicado ao amor, que ela própria não desdenharia ter assinado e dito, na sua voz única de antiga locutora da Emissora Nacional: Afinal, Daniel, aquele modo de ser e dizer, o ímpeto das palavras ditas, melodicamente ditas, enfaticamente expressas, tem uma origem. Tudo tem uma origem, na essência de Ser.

"A ilha me perdeu, sou de nenhuma/ saudade amor de mim, pedra que móis/ meu trigo que ceifei por outros sois/ onde o suor não se evapora em bruma!/ Sou valquíria que escolhe os seus heróis/ minha paixão sou eu. Não me consuma/ outra paixão, amor. Bebo uma a uma/ as gotas de um veneno com que dois!/ Se as ilhas fossem gente, eu era o Pico/ de coração só feito de mistérios/ e longes das paisagens onde fico!/ Das arribas do ser, a vida tomba/ e os amores do amor a morte fere-os!/ Não libertem por mim nenhuma pomba!"

Coisa curiosa por desvendar, Daniel. Começaste a tua carreira literária dizendo que eras Poeta, que te sentias poeta "Em Nome do Povo Amem", e terminas, por vontade própria a tua carreira literária, com um livro de Poemas, um livro de amor, de Vida; ao Amor, ao Amor da Tua Vida.

Do Povo à Família. Dos direitos humanos à Amada. E há coisas que só tu entenderás, quando pedes que façam uma moldura para oferecer a essa tua Amada:

No Vale do Wadi-AS

"Durante a Noite os anjos tinham polido

As neves de Yabal Sulayr,

Que brilhavam sob o sol do meio-dia.

O espelho das águas do degelo viajava no Wadi-As

A caminho do mar.

Uma borboleta amarela poisou brevemente

No ombro da minha amada.

Ela exclamou " Como tudo é belo!"

Eu disse: "Quero que vejas toda a beleza do mundo"

Sorrindo, respondeu:

"Ainda que vivesse mil anos, não poderia.

Mas eu apenas lhe pedi: "Comtempla-te no rio."

Senti uma honra enorme em dar voz aos teus textos. A teu pedido. Como exigência que não mereço mas que me orgulha. O ter recebido esse titulo maravilhoso para um dos nossos livros: "A Balada das Baleias", ter dado voz ao teu guião "Senhor Santo Cristo – O Olhar Humano de Deus", porventura o melhor vídeo de sempre sobre o culto ao Senhor Santo Cristo dos Milagres, um intemporal sucesso em todas as Comunidades onde apresentámos, na América, no Canadá e na RTP Açores, RTP 2 e RTP Internacional.

Mas, ultimamente sentia o teu crescente cansaço de lidar com a mesquinhez humana, nada compatível, nada mesmo, com o teu "Olhar Humano de Deus". Senti-o nas palavras que me deste a honra de escrever no prefácio do meu mais recente livrinho, *Já Não Vem Ninguém*:

Estas ilhas estão cansadas de serem gente. Este mar está cansado de ser lágrimas. As lágrimas estão cansadas de serem bruma. Há mais vida num calhau do Pico do que em qualquer Quinta Avenida ao meio-dia. Há mais luzes na névoa da montanha que em qualquer Dundas Street, à meia-noite.

"Todas as pedrinhas de todos os cais estão gastas de tantos nomes nelas escritos. Custa é cada cais de chegada ser também cais de partida. Os corações, feitos pedra, empedernidos. Ou derramados pelos olhos. Desfeitos em água. Corações de incontida dor. Ou de serena dor. Corações onde nos refugiamos levando connosco amores de gente, amores de bichos, amores de coisas. Somos pequenos, Sidónio? Ai como somos… Mas quando a paixão acende, finalmente – crescemos como ilhas. Somos a medida, ou feitos à medida, dos nossos sentimentos. Não há limite, portanto."

Percebe-se como te agarraste às *Rosas de Granada*, como teu último e primeiro desejo. Percurso de

Vida por inteiro. Gratidão. Reparação de um remorso nunca explicado.

"Nunca escrevi um poema para ti. Mas, por um desses acasos que são mais criadores do que qualquer momento de inspiração, inventei um poeta árabe de Granada – Ahmed Bem Kassin. E fui-lhe dando vida pela voz que lhe dava.

…Não me perguntes mais nada acerca de Ahmed Bem Kassin e da sua amada. Da minha sei que vive comigo há tinta e sete anos. Dia a dia, que hoje, quando isto, escrevo se completam. Por isso este livro te pertence."

Permitam-me um pequeno exercício de fusão de poemas de um mesmo autor, como o faço em recitais, com José Luís Peixoto ou Miguel Torga.

Permitam-me que o poema "Adeus de Boabdil a Granada" ou seja, da mesma forma, o Adeus de Daniel a Alice. O Adeus a um lugar e/ ou a uma pessoa. O Adeus ao lugar amado e à amada desse lugar, mítico. Em *Rosas de Granada* o Adeus de Daniel ao verdadeiro Poema que deveras assumiu por inteiro. O Amor.

Adeus de Boabdil a Granada

"Uma última vez olho as tuas muralhas, Granada.

Se eu não soube defender-te, esquece.

E se não podes esquecer, perdoa.

Ninguém te amou tanto como eu te amo.

Neste dia em que parto

Não choro por ti, Granada.

Choro por mim, porque te perco para sempre.

E só esta dor me fará viver sem ti,

Porque não pode morrer quem tanto sente."

E agora, substituir a palavra Granada, por Alice

Adeus de Boabdil a Alice

Uma última vez olho as tuas muralhas, Alice.

Se eu não soube defender-te, esquece.

E se não podes esquecer, perdoa.

Ninguém te amou tanto como eu te amo.

Neste dia em que parto

Não choro por ti, Alice

Choro por mim, porque te perco para sempre.

E só esta dor me fará viver sem ti,

Porque não pode morrer quem tanto sente

Por tudo isso, apetece subscrever: "nas linhas
deste Poema, escondi o teu doce nome"

A minha Amada

"Os seios da minha amada são como duas romãs maduras;/ O seu cabelo tem perfume de alfazema;/ Os seus lábios são da cor do açafrão/ E a sua boca tem o sabor do damasco;/ Os seus olhos são como pedras preciosas/ E a sua pele como oiro da mesquita de Abd-AL-Rahman.

A visão da minha amada é a minha alegria;/ As formas do seu corpo, a minha delícia;/ O seu amor, a minha felicidade./ Nada é comparável à minha amada."

Daniel de Sá, não veio, mas mandou dizer: É Por isso que este livro te pertence, Maria Alice.

Meu, Caro Daniel, fiz o que pude para estar aqui, escrevendo em plena sessão de Abril. Nenhum discurso ao nível dos teus poemas. Nenhum.

As canseiras do trabalho obrigam-me a partir e a deixar um cantinho para cada um dos muitos, que têm sempre um pouco mais para dizer.

E eu, para nunca esqueceres a primeira entrevista que me deste há muitos, muitos anos, como escritor, – para ti, provavelmente, uma desgraça, para mim uma satisfação enorme, por esta mania de ajudar sempre os jovens mais talentosos, – aqui me despeço para que conste "EM NOME DO POVO, AMEM", teu primeiro livro, in – compreensivelmente, rejeitado na tua biografia oficial mas nunca esquecido por mim como uma permanente e renovada "Derradeira Esperança":

…"Já passou tanto tempo./ E tão pouco passou…/ Vamos cansando a esperança,/ Que é a última coisa que o homem perde./ Mas, se a perdermos, um dia,/ Há -de ficar-nos a esperança./ De voltar a possuí-la".

Com os teus livros, com a tua obra, sempre nos ensinaste a "sair da ilha" por que ler a tua "ilha" é sempre "a melhor maneira de ficar nela".

Para ti, Daniel, um abraço do tamanho da gratidão.

Sidónio Bettencourt

Ponta Delgada, 25 de Abril de 2015

ENTRE CRAVOS E ROSAS

Por Luiz Fagundes Duarte

I

É muito difícil encontrá-lo. Eu próprio só há muito pouco tempo o consegui ler, pela mão do Dionísio de Sousa. Haverá meia dúzia de exemplares bem guardados em mãos amigas, outros tantos perdidos em bibliotecas esquecidas – mas, descobri eu depois, existe um na Biblioteca Nacional de Portugal. É um livro de poesia com vinte e cinco poemas, numerados de I a XXV. É uma edição de autor, graficamente pobre, muito ao gosto da época e das circunstâncias em que foi publicado, 1979 – ainda que alguns poemas datem de 1975 – e dos meios disponíveis na Maia, ilha de São Miguel. O seu autor, então na casa dos trinta e tais anos de idade, era um homem comprometido com os ideais que a revolução de 25 de Abril de 1974 tornara viáveis – mas que os acontecimentos posteriores acabariam por inviabilizar. É, por isso, um livro de desengano composto à flor da pele por um homem desenganado.

Traz por título *Em Nome do Povo, Amem* (antipoemas e outras palavras). 25 de Abril 5 anos depois, e foi o primeiro livro de Daniel de Sá.

Provavelmente não o Daniel de Sá que mais tarde acabaríamos todos por conhecer e admirar como um escritor de águas puras e como um pensador, e um polemista, e um poeta de primeiro plano, mesmo que tenha decidido viver e manter-se pela vida quase toda no isolamento da sua Maia natal – de onde, no entanto, assistia a tudo o que se passava no grande mundo. Entre um e o outro dos dois daniéis decorreram muitos livros, muitos pensares, muitas paixões, muito crescer dentro de si próprio, muita intervenção social, cultural e política – e entre eles passaram muitos jovens que formou para a vida, muitos leitores que conquistou para a crítica da leitura, muita gente a quem ensinou a pensar, e muitos amigos que se renderam à sua inteligência, à sua cultura e ao seu encanto, ainda que por vezes temperado de ironia, vez por outra apimentado de sarcasmo, mas sempre coado por um olhar fino a que nada nem ninguém escapava.

Um dos daniéis começa neste *Em Nome do Povo*, e o outro acaba em *As Rosas de Granada*.

Parece que o último Daniel de Sá terá retirado a paternidade ao seu primeiro livro, pelo menos ele não consta da sua bibliografia oficial. Entende-se: quando, numa nota autobiográfica de 1992, se afirmava como "Pai de três filhos que vão crescendo e de seis livros maneirinhos" – *Génese* (1982), *Sobre a Verdade das Coisas* (1985), *A Longa Espera* (1987), *O Espólio* (1987), *Bartolomeu* (1988), *Um Deus à Beira da Loucura* (1990), e *Ilha Grande Fechada* (1992) –, Daniel de Sá esconjurou este livro, se não pelo pronunciamento, pelo silêncio. Ou pelo apagador. Vá lá saber-se as razões de facto, mas pode-se fazer uma ideia: Em *Nome do*

Povo não é, do ponto de vista poético ou literário, um bom livro.

Mas é outra coisa, provavelmente mais importante. É um documento de um tempo precioso que, como as rosas de Malherbe, (1) mais não durou que o espaço de uma manhã: o período imediatamente posterior ao 25 de Abril, até que a realidade – a realpolitik – começou a invadir o sonho – romântico, sem dúvida – e a desfazer as expectativas que toda uma geração que lutara contra o fascismo e a censura e a guerra e a mediocridade e as vistas curtas, depositara no dia em que Portugal fosse um país moderno e democrático.

Estávamos, então, em pleno Processo Revolucionário em Curso (PREC), um período dominado por palavras-de-ordem revolucionárias; por pronunciamentos e despronunciamentos militares que ainda hoje ninguém conseguiu entender; por partidos políticos recém-criados ou recém-legalizados e ainda às aranhas em busca de um discurso coerente; por governos provisórios que se sucediam sem que o povo percebesse porquê; por órgãos de comunicação social a serem tomados, resgatados, encerrados, reabertos; por residentes e naturais das antigas colónias que, praticamente sem nada, retornavam, ou vinham de novo, a Portugal; pela manutenção das desigualdades sociais; e por músicos e autores de canções de protesto – como a "Liberdade"(2), de

Sérgio Godinho, que Daniel de Sá parodia no poema com que abre o livro:

"Mas, no país libertado,

Aparece a confusão

Entre a liberdade e o pão!

– Antes quero a liberdade

Do que fartura de pão!

– Antes pão sem liberdade

Que liberdade sem pão!

– Eu quero ter liberdade

E ter direito ao meu pão!"

Deste ruir do sonho nos dá conta o Daniel logo no segundo poema (III – "Mené… Théqel… Pharsin…"), datado de Outubro de 1975,

"Os dias vinte e oito são mentira

E o vinte e cinco foi verdade

Apenas de madrugada…"

sendo aqui bem clara a referência ao 28 de Maio de 1926, que acabara com a I República e abrira o caminho ao Estado Novo, ao 28 de Setembro de 1974, que marcara o início do fim do PREC, e ao 25 de Abril de 1974 que, tendo encerrado o ciclo iniciado pelo primeiro, viera permitir tudo o que viria a conduzir ao segundo. E que, segundo o

poeta, nada mais durara que uma madrugada –
nem fora, de facto, uma revolução:

"Mudaram o nome da minha rua,

Mas não mudaram a rua…"

Importante para a compreensão deste poema, e de
todo o livro, serão as palavras em hebraico do
título – MENÉ THÉQEL PHARSIN (אמנ, מנא,
ופרסין, תקל) –, retiradas do capítulo do Livro de
Daniel (v, 1-30) onde se narra o episódio do rei
Baltasar de Babilónia que, num banquete em que
usou as taças de ouro e prata que seu pai,
Nabucodonosor, roubara do Templo de
Jerusalém, viu uma mão que escrevia na parede
aquelas palavras – que o rei, aterrorizado pela
aparição e por não as perceber, mandou que
fossem interpretadas por alguém; o que, depois de
muitas tentativas infrutíferas feitas pelos sábios
todos da corte, só foi possível por Daniel, que
assim as descodificou: MENÉ, significava que
Deus determinara o fim do reinado de Baltasar;
THÉQEL, que ele pesava pouco na balança de
Deus; e PHARSIN, que o seu reino seria dividido
e entregue aos Medos e aos Persas. Ainda segundo
o texto bíblico, Baltasar foi assassinado nessa
mesma noite, sucedendo-lhe no trono Dario, rei
dos Medos.

O que pretenderia Daniel de Sá significar com esta
invocação das profecias do seu homónimo
bíblico? Que o novo poder instituído em Portugal

após o 25 de Abril estaria a dar cabo do país, esbanjando a herança histórica e cultural, e que quem então mandava teria os dias contados? Estaria a referir-se ao fim do PREC com a queda do governo de Vasco Gonçalves (19 de Setembro de 1975) e a viragem à direita com o governo de Pinheiro de Azevedo? À descolonização das antigas possessões portuguesas em África, ou à invasão de Timor Leste pela Indonésia? Referisse-se ao que se referisse, o que parece evidente é que Daniel de Sá temia pelo caminho que as coisas estavam a levar no país, e que se corria o risco de Portugal ficar à mercê dos interesses estrangeiros.

A estrutura de *Em Nome do Povo* é, ela própria, um manifesto político, que é também um percurso de descoberta, de um homem desencantado, sim, mas ainda esperançado em que as coisas mudem para melhor: temos, por ordem, Abril por abrir (textos I a VII), Abril é uma crise de esperança (textos VIII a XII), Em Abril semeia o Povo (textos XIII a XVII), Bendito Abril que o não permite mais (textos XVIII e XIX), Duas falas para um Abril açoriano (textos XX e XXI), Um português fala de si (textos XXII a XXIV), e Mensagem (texto XXV). Um percurso que parte do desengano perante as primeiras manifestações da realpolitik (como já vimos) e faz ao mesmo tempo uma revisitação da história portuguesa fazendo ecoar a *Mensagem* de Fernando Pessoa, e concretamente os poemas "D. Dinis" e "Nevoeiro", revisitados no poema V – "D. Dinis!" – Das naus já nem o sonho existe –, uma história que se passou entre o período das grandes viagens de descoberta e aquele, que então se vivia, do fim do império colonial e do retorno do país à sua verdadeira dimensão: [Portugal] Foi criador de mundos... ficou órfão deles [...] Caiu de podre a força que o cumpria. E assim termina o poema:

"Nem sonhos nem loucuras. A hora é de regresso.

Ou tarde ou cedo, havia que voltar.

Não podemos temer, no que é só nosso,

Nem viver nem cismar

Com impossíveis naus sem portos e sem mar.

Meu Deus! eis o país que Tu me deste!...

Mas, enquanto quiseres que ele seja,

O meu país é este!"

– num refazer do Tudo é incerto e derradeiro. / Tudo é disperso, nada é inteiro. / Ó Portugal, hoje és nevoeiro..., de Pessoa.

Mas também há esperança – o que fica bem claro nos poemas da segunda parte, onde se transita de um Porque esta nação que somos / Espera a pátria a haver (VIII – "Natividade e Pátria") para um A nossa pátria existe e tem um nome: / Portugal! / Teve um destino e cumpriu-o (XII – "As Pátrias"). Inicia-se então um verdadeiro hino de amor à Pátria – Meu país, gosto de ti, / Meu fim de sonho inconstante (XIII – "Um acorde dissonante") – mas uma pátria em que persistem as desigualdades sociais (XV – "Liberdade Condicionada"):

"E há palácios e nobres

E muitas casas de latas,

Num país de democratas

Onde há seis milhões de pobres".

E onde é necessário despertar as consciências (XIV – "Canta Comigo"):

"Que essa força que tens nunca esmoreça

E destrua, destrua como enxada.

Faz fundo os sulcos onde, depois, cresça,

A Pátria libertada."

Porque, apesar da revolução, a injustiça social continua, provavelmente com a conivência do novo poder (XVII – "Lamento"):

Sei que se não produzo quanto ganho,

"Estou roubando alguém.

Mas, se produzo mais do que recebo,

Ninguém rouba ninguém…"

Os poemas XVIII – "Restos humanos da Guerra" e XIX – "A um amigo que eu tive" têm como objecto a memória recente da guerra colonial e dos seus mortos, fossem eles estatísticas (São vinte mil… ou trinta mil… / O número que importa / Se é já demasiado um corpo só / Com a alma morta?…) ou um amigo (Meu amigo, de ti já nada resta, / Desfeito em flores sobre a campa nua.) – sendo este último poema talvez o mais bem conseguido de todo o livro, nele se notando, mais do que as preocupações da carácter político, e em certos casos panfletário, que caracterizam o conjunto, a capacidade de emoção, a força lírica e a perfeição formal de que Daniel de Sá viria a dar excelentes provas no seu segundo e último livro de poesia: *As Rosas de Granada* (2011), a que voltarei daqui a pouco.

O poeta prossegue com referências à difícil realidade açoriana (Quando o meu irmão açoriano / Não tem pão para comer, / É como o peixe a morrer de sede…), que é, ela mesma, uma promessa que nunca fora cumprida – para o que Daniel de Sá recorre à "Fala de Diogo de Silves, suposto descobridor dos Açores" (poema XXI) que, numa referência à necessidade de se proceder a uma reforma agrária (estando provavelmente a referir-se à Ilha de S. Miguel), e evocando aqueles que tiveram que emigrar por não terem terra para trabalhar, assim termina: Cumpri o meu dever de descobri-la. / Deves cumprir o teu de reparti-la.

O poema final – "«É a hora!»" – é triplamente simbólico: por ter o número XXV, que será difícil não relacionar com o 25 de Abril; por constituir, só por si, a última parte do livro que se chama

MENSAGEM; e por trazer simultaneamente como título e como último verso o derradeiro verso da Mensagem de Fernando Pessoa. Temos aqui, ao mesmo tempo, a nostalgia pela história perdida e a convicção da necessidade de se abanar as consciências para salvar Portugal – o que se torna mais evidente por meio do diálogo com Pessoa –, e a desilusão pelo não cumprimento das promessas do 25 de Abril, mas também a esperança de que tudo valerá a pena se conseguirmos conciliar trabalho com conhecimento e, não esquecendo o passado, olhar firmemente para o futuro que começa hoje:

"Hoje, ser presente é viver agora

O próprio amanhã que se deseja.

É construir com mãos e pensamento

O mês, o dia e a hora

Ou o minuto que se quer que seja.

É ter a vida no tempo

E, deixando o passado aos imortais,

Viver esse minuto sem demora.

Depois, é ser nunca mais.

«É a hora!»."

II

O regresso de Daniel de Sá à poesia trinta e dois anos depois – ou, pelo menos, à publicação de poesia – ocorreu sob um pseudónimo que é mais um heterónimo: Ahmed Ben Kassin.

Ahmed Ben Kassin era, como o descreveu Daniel de Sá no seu blogue "O Espólio" (3), um "poeta árabe nascido em Granada cerca de 1470, e que acompanhou o rei Boabdil quando este foi expulso da cidade". Viveu ele nos tempos em que a Península Ibérica era um mosaico de pequenos reinos – uns cristãos, outros mouros, outros assim-e-assim – em que floresciam poetas, matemáticos, arquitectos, cientistas em geral, todos fruto da interligação das civilizações mediterrânicas que nos deixaram algumas das obras que enformam a nossa identidade ibérica, portuguesa, e, pelas mãos de Daniel de Sá, açoriana.

Ahmed Ben Kassin é uma invenção de Daniel de Sá – e é uma nova estrela do firmamento da literatura portuguesa feita nos Açores: autor de um único livro, As Rosas de Granada, é a mais promissora esperança da poesia nos Açores. E é-o, porque abre caminhos novos, escancara janelas para o mundo, e vem provar, nos seus gestos de intemporalidade e de inespacialidade, que os Açores, mais do que ilhas isoladas do mundo e perdidas no tempo, são portos de passagem aonde chegam novidades do mundo e de onde partem novidades para o mundo. Como me parece acontecer com este livro, que se inscreve no ambiente lírico ibérico do Sul que também produziu as Cantigas de Amigo, rebentos bem formados de uma matriz que trazia em si os genes da poesia hispano-árabe que misturava, numa harmonia perfeita, três línguas mediterrânicas – o hebraico, o árabe e o romance, mãe natural das actuais línguas românicas do Sul. Refiro-me às kharjas, pequenas composições poéticas de inspiração popular com palavras ou frases em romance, que ocorriam no final de poemas mais longos e cultos escritos em hebraico ou em árabe – as línguas eruditas da época –, conhecidos por muwashah, e das quais encontramos, no derradeiro livro de Daniel de Sá, ecos escondidos da enorme humildade de que só homens de grande cultura como ele são capazes.

Daniel Ahmed Ben Kassin de Sá é um poeta total e sintético, que faz ocorrer, no seu livro único, passagens que lembram a grande poesia do Rei Salomão do Cântico dos Cânticos; entrever, como em "Na Queda de Granada", a musicalidade andaluza de Federico García Lorca; e entressentir, em "Boabdil chorando os filhos prisioneiros", o desencanto de Jorge de Sena na "Carta a meus filhos sobre os fuzilamentos de Goya".

Mais do que um pequeno livro de um poeta açoriano, *As Rosas de Granada* é um grande livro de um excelente poeta português de inspiração mediterrânica – ou seja, universal, porque foi daquela bacia de civilizações que partiram, passando também pelos Açores, os saberes e as ideias que viriam a construir aquilo que hoje entendemos como a civilização ocidental e que a globalização iniciada pelos Portugueses nos séculos XV-XVI viria a transformar em civilização universal. Por isso, doravante, este livro faz parte da corrente que enforma – e que assim prende e também liberta – a nossa identidade cultural.

É um livro demasiado grande para a nossa pequenez.

Porque, por ele, Daniel de Sá ensina-nos de onde viemos. A partir dele, os açorianos ficam a saber que há mais mundos para além dos nossos horizontes. E enfim, com ele, tudo o que já se disse e escreveu sobre o que seja literatura açoriana terá que ser, irremediavelmente, repensado, reescrito – e reinterpretado.

Quanto a Ahmed Ben Kassin, somos nós – herdeiros entristecidos de civilizações perdidas.

III

Regressemos ao primeiro livro de Daniel de Sá e ao seu pequeno "Prefácio" (datado, precisamente, de 25 de Abril de 1979), o qual, premonitoriamente, poderia constituir o epitáfio de um escritor que elegeu a condição humana como um dos temas fortes de toda a sua obra:

"Deram-lhe em Abril um cravo vermelho para guardar bem guardado. Mas, à falta de água, homem e flor ficaram sequiosos. A pouca que tinha, ou a dava ao cravo o homem ou a bebia ele mesmo. Então, decidiu que, entre uma flor e um homem, primeiro o homem. E bebeu. Mas o cravo não morreu."

O cravo não morreu, de facto. Reviveu. Reproduziu-se. E acabou por se metamorfosear em rosa – numa evocação de uma das nossas raízes identitárias que Daniel de Sá tão bem soube reencontrar na poesia ibérica de expressão árabe. E aqui, uma vez mais – e sempre! –, ele foi ele-próprio: um heterodoxo, como devem sê-lo os grandes poetas.

Luiz Fagundes Duarte

Lisboa, 2015

(1)*Mais elle était du monde, où les plus belles choses*

Ont le pire destin,

Et rose elle a vécu ce que vivent les roses,

L'espace d'un matin.

(Trecho do poema «Consolation à Monsieur Du Périer, Gentilhomme d'Aix en Provence, sur la Mort de sa Fille», de François Malherbe, 1555-1628).

(2)*Só há liberdade a sério quando houver a paz, o pão,*

habitação, saúde, educação.

Só há liberdade a sério quando houver

Liberdade de mudar e decidir, quando pertencer ao povo o que o povo produzir.

(3) http://oespolio.blogspot.pt/

O autor não aceita nem usa o Acordo Ortográfico de 1990

Alguns dos textos
citados pelos autores

I — EM NOME DO POVO. AMEN.

Quase podem contar-se pelos dedos
Os Homens que este país tem.
E muitos, dos que dizem que os outros não servem,
Não servem também.

Com três galões se faz um capitão.
Com vários capitães se fez Abril.
Mas é com Homens que se faz uma nação.

Achou-se que era velho de mais um velho Estado Novo
E descobriu-se que um estado é voz do povo.
E houve a sublime certeza
De que é o povo quem manda,
Sem clero nem nobreza.
Mas é com estes ainda que tudo anda...

P.S. Este final ambíguo é uma pena...
E esta explicação que nada explica
Torna-me a canção menos pequena...

Quase podem contar-se pelos dedos
Os Homens que este país tem...
E talvez não haja um dedo
Para contar-me também...

Maio de 1976

II — NAS MARGENS DO RIO LENTO

Nas margens do Rio Lento,
Onde começa a salgar,
Conquistou-se o pensamento
De amar.

Nas margens do Rio Lento,
Era costume chorar.
E aprendeu-se num momento
A cantar.

— Que manchas vivas são essas,
Tão vivas, da cor do sangue?
São certezas, são promessas,
Ou são sangue?

— Nem promessas nem certezas
Nem sangue inútil de bravos.
Essas manchas portuguesas
São cravos.

Mas, no país libertado,
Aparece a confusão
Entre a liberdade e o pão:

— Antes quero a liberdade
Do que fartura de pão!

— Antes pão sem liberdade
Que liberdade sem pão!

— Eu quero ter liberdade
E ter direito ao meu pão!

E ficam manchas vermelhas,
Cravos da Revolução.

— É sangue!

Junho de 1976

III — MENÉ . . . THÉQEL . . . PHARSIN . . .

Os dias vinte e oito são mentira
E o vinte e cinco foi verdade
Apenas de madrugada...

Fez-se uma nova nação,
Construída com palavras
Sem o alicerce da Ideia...

Mudaram o nome da minha rua,
Mas não mudaram a rua...
Disseram aos pobres que eram pobres,
Mas não lhes deram riqueza...
Todos querem a paz.
E todos dão conselhos sobre a paz.
Mas quem por mais seguro se quer ter
Tem uma arma na mão!...

Outubro de 1975

XIX — A UM AMIGO QUE EU TIVE (x)

(E que da guerra morreu e já nenhum Abril pode libertar)

Meu amigo, de ti já nada resta,
Desfeito em flores sobre a campa nua.
E a cruz sombreia o mármore da Lua,
Que outro não teve uma pobreza honesta.

O tempo à dor vago doer empresta,
No esquecimento, suave, que insinua.
De novo há cantos pela nossa rua
E tem o mesmo brilho a nossa festa.

E se acaso pudesses renascer
Como os lírios que brotam sobre ti,
Nesta alegria fátua de viver

(Caminho que em dois dias se percorre),
Ninguém verias, demudado, aqui.
— Ah! meu amigo, a morte é de quem morre!

XXV — «É A HORA!»

O que somos
Não fomos.
E o que queríamos ser
Ainda está por fazer.

A História não pára nem dança
Sempre no mesmo lugar:
A História flui sem parar.
Por isso, não serve a esperança
Quando não é mais que um modo
De estar à esquina do tempo
A ver o tempo passar.

É Portugal que se faz,
Temos de pôr mãos à obra,
Que, com trabalho e com paz,
Há Portugal de sobra.

Hoje, ser presente é viver agora
O próprio amanhã que se deseja.
É construir com mãos e pensamento
O mês, o dia, a hora
Ou o minuto que se quer que seja.
É ter a vida no tempo
E, deixando o passado aos imortais,
Viver esse minuto sem demora.
Depois, é ser nunca mais.
«É a hora!»

www.ingramcontent.com/pod-product-compliance
Lightning Source LLC
Chambersburg PA
CBHW060420290526
45791CB00002B/830